MOMUS RESSUSCITÉ,

Imprimerie de E. Dépée, à Sceaux (Seine).

MOMUS RESSUSCITÉ

CHANSONS NOUVELLES

DÉDIÉES AUX ARTISTES.

Par GUSTAVE DEVIEU,

AUTEUR DE : L'ÉCLAIR ET LA POUDRE, LES ÉCHELLES DE SAVOIE,
BERMUDOS OU LA CROIX DE CASTILLE, ET DE PLUSIEURS
OUVRAGES DRAMATIQUES.

> Fille aimable de la folie,
> La Chanson naquit parmi nous;
> Souple et légère, elle se plie
> Au ton des sages et des fous.

A BELLEVILLE,
Chez l'Auteur, rue de Tourtille, n° 27.
A PARIS,
Chez M. RODANET, cité d'Orléans, n° 5,
Boulevard Saint-Denis.

1846

Le chant est, comme les pleurs, un des attributs de l'homme : l'enfant crie et verse des larmes avant de se connaître ; dès qu'il entrevoit une lueur de raison, il rit ; dès qu'il peut articuler quelques sons, il chante. . . . .
. . . .

Les chansons des mères et des nourrices bercent notre enfance ; à l'âge des passions, les chansons nous servent à peindre nos amours, à nous exciter à la gloire. . . .
. . . .
. . . .

L'ouvrier, en chantant, allège ses travaux ; les longues veillées d'hiver semblent accourcies par les chants des fileuses, et les bergers charment l'ennui de leurs journées solitaires en faisant retentir de quelques refrains villageois les bois et les vallées. .
. . . .
. . . .

DE LA CHANSON [1].

L'Italie est, sans contredit, le pays des chanteurs; les Italiens peuvent donc, à juste titre, nous refuser le mérite de chanter aussi bien qu'eux; mais s'ils nous retirent quelques notes,

---

[1] Chanson, du latin *cantio,* et, dans le même sens, de *cantus,* chant : vers légers, souvent à refrain, qu'on chante, et dont chaque stance s'appelle couplet; les Italiens, les Espagnols, les Portugais ont fait *canto,* également dans la même acception : élévation et inflexion dans la voix sur différents tons, avec modulation, ou, pour mieux dire, transition harmonique. Le troubadour Giraut de Borneil, qui florissait au commencement du XIIIe siècle, est, dit-on, le premier qui ait donné aux poésies galantes, appelées alors simplement vers, le titre de chansons, ou, en provençal, *canzo* ou *canzos,* qui signifiait : poésie chantée comme l'ode des Grecs. La *canzone* des Italiens a tiré, et son nom et sa forme, de ces *canzos* des anciens troubadours, auxquels elle ressemble bien plus qu'à nos chansons françaises.

ils ne nous disputeront pas du moins la gloire de faire des chansons spirituelles et agréables. Nous sommes plus riches en ce genre que tous les autres peuples, et même je ne crains pas d'assurer que le nombre de nos bonnes chansons excède celui des chansons bonnes et mauvaises des autres peuples. Le Français excelle dans tous les genres : simple et tendre dans la romance, il y met souvent la grâce et la douceur de l'élégie ; s'il se lasse de soupirer et de se plaindre, ses vers ont quelquefois l'élégance et toute la poésie de l'idylle ; léger, folâtre dans la chanson, pétillant d'esprit dans les couplets, original et d'une fécondité inépuisable dans le vaudeville, il est souvent redoutable dans sa haine ; car il attache à son ennemi un ridicule qui ne s'efface point ; il lui lance un trait qu'on ne peut aisément arracher.

Malgré ce talent, que nous avons poussé jusqu'à la perfection, talent qui semble particulier à notre sol, à notre climat, et que j'oserais presque appeler endémique, sur cent personnes, soixante environ font, en général, assez peu de cas des chansons et des chansonniers.

J'ai même entendu à ce sujet quelques mauvais plaisants, de ces hommes sans instruction, auxquels la fortune tient lieu de tout, dire avec le sourire du mépris : « Qu'est-ce qu'un chansonnier?... »

Ces personnages importants qui répètent avec une si amère ironie : « Qu'est-ce qu'un chansonnier?... » ne savent donc pas que telle chanson, avec son air frivole, prouve de l'esprit, du goût, de la finesse, et souvent beaucoup de raison. Exemple : Désaugiers et Béranger ont fait des chansons, comme La Fontaine faisait des fables. L'un, Désaugiers, a excellé dans la chanson épicurienne, anacréontique, dans le tableau vrai des mœurs populaires; Béranger, plus sévère, plus satirique, a fait de l'Aristophane et du Rabelais. Eh bien ! ces deux hommes, devenus aujourd'hui si célèbres, qu'ont-ils fait, Messieurs les : « Qu'est-ce qu'un chansonnier?... » Rien que des chansons !

Le grand Corneille a fait aussi de petites pièces de poésie fugitive, des couplets et des chansons; *les personnages importants* de son siècle en ont sûrement conclu que ce poète-chansonnier ne ferait jamais rien de bon ; mais je me trompe, personne alors ne manifestait de mépris pour les petits ouvrages, quand ils annonçaient un grand talent, ou seulement un talent agréable ; l'attention que l'on faisait à tout dans ce temps-là est encore chose à remarquer : les Bertaud, les Desportes, les Mainard, les Ferraud, les Malleville, et une foule d'autres poètes ont acquis de la célébrité, bien souvent à très peu de frais.

Sous le règne musqué de Louis XIV, les chansons amoureuses, les pastorales, les madrigaux abondèrent ; on vit une poésie de sentiment où règnaient seules la douceur et la mollesse. Les chansons semblaient modelées sur les opéras de Quinault, qui avait, comme on le disait si spirituellement, désossé la langue : et la cour et la ville roucoulaient les airs de Lambert et fredonnaient les chansons gracieuses de Benserade, de l'abbé Périn, de Linière et les chansons à boire de Boursault. On chantait dans la société les chansons de Coulange et de Madame Deshoulières. Eh bien ! Messieurs les :

« Qu'est-ce qu'un chansonnier?... » voilà encore une époque où l'on ne s'occupait que de chansons!....

Le règne de Louis XV vit fleurir Vergier, Dufresny, Lamonnoye, Haguenier, Lattaignant, Vadé, qui firent des chansons pour la société, tandis qu'une foule d'auteurs, maintenant oubliés, en faisaient pour le peuple, sur les jésuites, le quiétisme, la bulle *Unigenitus*, les convulsions, sur la paix et la guerre, sur les victoires et les défaites. Il faut joindre à ces noms ceux de Piron, Gallet, Collé, Panard, Favart, Boufflers, et bien d'autres encore dont la nomenclature serait par trop longue.

L'avènement de Louis XVI, son mariage, la naissance du Dauphin, font naître un déluge de chansons où l'enthousiasme de l'espérance devenait la critique la plus cruelle du dernier règne. Une douzaine d'années n'était pas écoulée, que des chants de terreur et de mort étaient chaque jour proférés aux oreilles du roi qu'avaient salué de si brillantes acclamations.

La chanson révolutionnaire des rues fut bi-

— XII —

deuse et sanglante, grossière dans l'expression comme elle était cruelle dans la pensée.

Mais tandis que le peuple la hurlait partout, quelques poètes, ainsi que de nobles météores, s'élevaient au-dessus de cette tourbe impure, et d'admirables chansons guidaient à la gloire une jeunesse bouillante... « Après l'hymne des Marseillais (1), que rien n'égalera jamais, soit chez les anciens, soit chez les modernes, la seconde place appartient incontestablement au *Chant du Départ*. Chénier (Marie-Joseph), cet autre Tyrtée des guerres de la Révolution, le composa en 1794, pour l'anniversaire du 14 juillet. »

Dans l'une des strophes de ce chant, l'auteur rendit un juste hommage à deux jeunes héros, on peut dire à deux héros-enfants, dont l'histoire impartiale signalera à la postérité la plus reculée les noms et le dévouement.

Joseph Barra, entré comme tambour avant sa douzième année, dans les rangs de l'armée républicaine de l'intérieur, était aussi bon fils

(1) *Chants et Chansons populaires de la France.*

— XIII —

que soldat intrépide. Cerné un jour par un nombreux parti de Vendéens, vingt baïonnettes sont placées sur sa poitrine.

« Crie : *Vive Louis XVII!* ou tu es mort. »
— « *Vive la République!...* » Et nouveau d'Assas, il tombe percé de coups!...

La Convention vota une fête à sa mémoire, une pension à sa mère; Chénier et Collin d'Harleville lui offrirent, dans leurs vers, le tribut de l'admiration nationale.

Le second exemple de ce dévouement précoce n'est pas moins héroïque. Les insurgés marseillais allaient traverser la Durance et écraser par la supériorité du nombre une faible troupe de soldats républicains. Un seul moyen de salut restait à ces derniers; c'était d'aller couper, sous le feu de l'ennemi, les câbles d'un des pontons déjà tombé en son pouvoir; mais une si périlleuse entreprise fait hésiter les plus braves... Soudain un enfant de treize ans s'élance; c'est Joseph-Agricola Viala, qui saute sur une hache, vole au bord du fleuve, et frappe sur le câble à coups redoublés. Plusieurs décharges de mousqueterie sont dirigées contre lui, il continue à frapper avec ardeur, lorsque, atteint d'une balle et mortellement blessé, il s'écrie : « Je meurs, mais c'est pour la liberté!!! »

> De Barra, de Viala le sort nous fait envie ;
> Ils sont morts, mais ils ont vaincu.
> Le lâche accablé d'ans n'a point connu la vie !
> Qui meurt pour le peuple a vécu (1).

Tout en regrettant que ces deux traits n'aient pas reçu leur impulsion dans une lutte contre l'étranger, la France doit s'enorgueillir de pareils enfants, et savoir gré à la lyre qui a si dignement célébré leur courage.

Le musicien ne resta pas au-dessous du poète : exalté par cette sublime inspiration, Méhul en doubla encore le prix par ses énergiques accords. J'ajoute, comme une circonstance mémorable, qu'ils furent composés en quelques instants, sur le coin d'une cheminée, au milieu des causeries d'un salon.

Ainsi, trois des plus remarquables produc-

---

(1) Le *Chant du Départ*, de Chénier (Marie-Joseph).

tions lyriques de nos jours sont nées d'improvisations du génie : le *Chant du Départ,* l'air : *O Patrie!* du *Tancredi,* nommé en Italie l'*Aria dei Rizzi,* parce que Rossini le composa pendant qu'on apprêtait le riz de son repas ; enfin, la *Marseillaise,* qui, nouvelle Pallas, dans l'exaltation fiévreuse d'une nuit avancée, sortit tout armée du cerveau de Rouget de l'Isle.

Exécuté d'abord par l'orchestre et les chœurs du Conservatoire de musique, dans la fête nationale de 1794, pour célébrer le souvenir de la prise de la Bastille, le *Chant du Départ* devint promptement populaire ; il fut accueilli avec transport par nos armées, qui lui donnèrent ce mémorable baptême de frère de la *Marseillaise.* « Il est (1), en effet, aussi beau de majesté et d'énergie, que l'autre de verve et d'enthousiasme. Ces deux chants belliqueux entraînèrent des légions de volontaires à la défense de nos frontières menacées, et souvent décidèrent la victoire. Aussi leur souvenir restera-t-il à ja-

(1) *Chants et Chansons populaires de la France.*

mais uni dans les glorieuses annales des guerres de notre indépendance. »

On doit aussi remarquer l'hymne religieux des théophilanthropes :

Père de l'univers, suprême intelligence !

qui retentit dans les temples, veufs, pour un temps, du culte catholique.

L'Empire reconstitua la France sur une base plus solide; la chanson revint encore, et jamais peut-être on n'en fit davantage.

La raison en est simple : gloire au dehors, richesse au dedans; pour préoccupation politique, celle des bulletins de la victoire !...

O tempora, o mores! . . . .
. . . .
. . . .

On ne chante plus à table !...

Ce plaisir, si cher à toutes les époques, est maintenant abandonné aux honnêtes bourgeois, aux nobles artisans, et aux joyeux goguettiers.

Malgré le grand nombre de mots que je

viens de jeter sur le papier, et dont je demande humblement pardon au lecteur, je ne cherche pourtant point à prouver que tout le monde doive s'occuper de chansons; certes, il serait ridicule, et d'un ridicule achevé, que des hommes au faîte des dignités, ou voués à d'importants travaux, s'amusassent à des chansons, et se fissent une affaire importante de la poésie légère et fugitive; ils les estiment à leur juste valeur et ne méprisent rien de ce qui est bon, parce qu'ils savent que *rien n'est facile à bien faire;* mais des hommes comme ceux dont je parlais tout-à-l'heure rougiraient en entendant à leur table ces pauvres chansonniers; aussi, faute d'en trouver d'autres, ils ont pour refrain habituel ces phrases banales : Un chansonnier !... pouah !... pour Dieu !... qu'est-ce qu'un chansonnier ? — Eh ! Messieurs, outre les auteurs que j'ai déjà cités, Anacréon ne s'est-il pas immortalisé par ses chants ? Horace lui-même offre-t-il autre chose que des chansons dans une grande partie de ses odes ? Les idées les plus sublimes, les images les plus imposantes y sont mêlées aux élans bachiques et aux soupirs de

— XVIII —

l'amour. Tenez, vous, Messieurs les : « Qu'est-ce qu'un chansonnier ?... » vous, qui ne connaissez la littérature latine que de nom, vous allez être fort étonnés d'apprendre que l'ode où ce grand lyrique chante d'une manière si pompeuse la mort de Cléopâtre, que cette ode, dis-je, commence par cette strophe : « C'est maintenant « qu'il faut boire; c'est maintenant qu'il faut « danser et charger les tables des mets les plus « exquis! » et, lorsqu'il arrive à cette terrible image :

Pallida mors æquo pulsat pede pauperum
Tabernas, regumque turres.

c'est pour nous dire qu'il faut bien boire et bien s'amuser, puisqu'après la mort on ne peut plus jouer aux dés à qui sera le roi du festin. . . . .

DIZAIN.

Portraits calqués sur la nature,
Amusements de mon loisir,
Gais refrains par qui je m'assure
Moins de gloire que de plaisir,
Coulez, enfants de ma paresse ;
Mais, si d'abord on vous caresse,
Refusez-vous à ce bonheur ;
Dites qu'échappés de ma veine,
Par hasard, sans force et sans peine,
Vous méritez peu cet honneur !...

1846

ou

MOMUS RESSUSCITÉ.

Air : **des Comédiens**.

Gais chansonniers, reprenez votre lyre ;
Voilà Momus, Momus ressuscité,
Qui vient chez vous pour fronder, boire et rire,
Avec l'amour, la gloire et la beauté !

Ici l'esprit, libre de toute entrave,
Heureux et fier du plus sublime essor,
Ne comprend pas comment on est esclave
Du vil appât des grandeurs et de l'or.

Chantre de France au burin prophétique,
O Béranger, roi de la vérité !
Du haut sommet de ton char pindarique
Inspire-nous tes chants de liberté.

A moi, Comus ! tables des mieux servies !
A moi, Bacchus ! liqueurs, vins généreux !
A nous, enfants, les bons mots, les folies,
Et les flonflons chantés par nos aïeux !

La Gaudriole, hélas ! que l'on exile,
Va refleurir sous de nouveaux lauriers ;
Et, pour la rendre au joyeux Vaudeville,
Invoquons tous l'ombre de Désaugiers.

Du vin d'Aï la mousse pétillante,
En chatouillant les fibres des cerveaux,
Donne aux auteurs une verve entraînante ;
Eh bien ! morbleu ! buvons-en des tonneaux !

Venez ici, séduisantes grisettes,
Vous qui n'aimez que l'amour et le bal ;
Dans ce banquet, mes petites coquettes,
C'est aujourd'hui pour vous le carnaval.

En vous voyant si notre âme est ravie,
C'est que le cœur répète sans détour
Que l'on doit être heureux toute la vie,
Si le bonheur dure autant que l'amour.

Fuyez d'ici, vains prestiges du monde,
Plaisirs amers, politiques excès;
Liens sans foi, que l'intrigue féconde,
Auprès de nous vous n'avez pas accès.

Mais, quand l'auteur dans son sixième étage
Pleure et soupire avec la pauvreté,
Pour retremper sa verve et son courage,
Versons de l'or sur son front attristé.

A ce Tartufe, hélas! qui pour défroque
N'a plus d'habit; eh bien! par Jupiter!
Du grand journal qu'on nomme de l'*Époque*,
Faisons-lui faire un manteau pour l'hiver.

Et vous, enfants, ennemis de l'envie
Qui ronge au cœur partout le genre humain,
Venez chez nous : là s'écoule la vie
Entre l'amour et des flots de bon vin.

Gais chansonniers, reprenez votre lyre ;
Voilà Momus, Momus ressuscité,
Qui vient chez vous pour fronder, boire et rire,
Avec l'amour, la gloire et la beauté !

www.ingramcontent.com/pod-product-compliance
Lightning Source LLC
Chambersburg PA
CBHW060859050426
42453CB00011B/2031